AF188547

Impressum
Verlag: BABADADA GmbH, Nedderfeld 112 , 22529 Hamburg
Geschäftsführer / Verlagsleitung: Harald Hof
Druck: Books on Demand GmbH, In de Tarpen 42, 22848 Norderstedt

Imprint
Publisher: BABADADA GmbH, Nedderfeld 112 , 22529 Hamburg, Germany
Managing Director / Publishing direction: Harald Hof
Print: Books on Demand GmbH, In de Tarpen 42, 22848 Norderstedt, Germany

escuela

shkolla

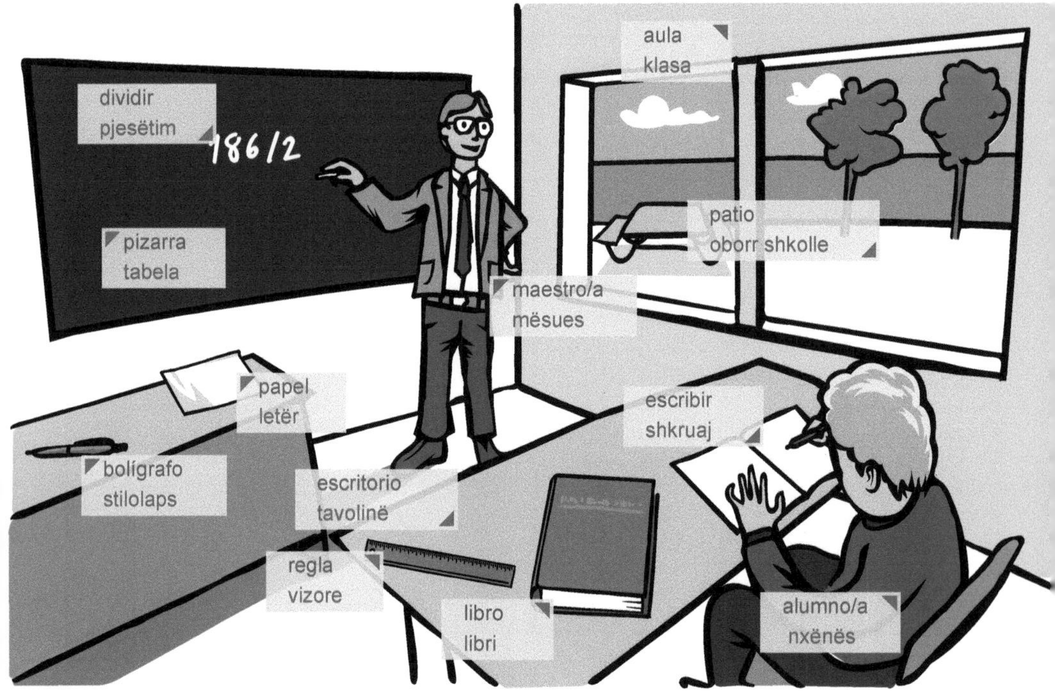
aula
klasa
dividir
pjesëtim
186/2
pizarra
tabela
patio
oborr shkolle
maestro/a
mësues
papel
letër
escribir
shkruaj
bolígrafo
stilolaps
escritorio
tavolinë
regla
vizore
libro
libri
alumno/a
nxënës

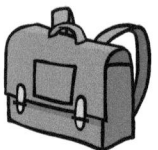

cartera
....
çantë

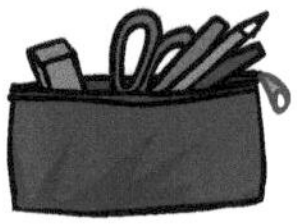

caja de lápices
....
mbajtëse lapsash

lápiz
....
laps

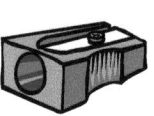

sacapuntas
....
mprehës lapsash

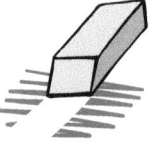

goma de borrar
....
gomë

cuaderno de dibujo
....
fletore vizatimi

dibujo

vizatim

pincel

penel

caja de pinturas

kuti bojërash

tijeras

gërshërë

pegamento

ngjitës

cuaderno de ejercicios

fletore detyrash

deberes

detyrë shtëpie

número

numër

sumar

mbledh

restar

zbres

multiplicar

shumëzoj

calcular

llogaris

letra

gërmë

alfabeto

alfabeti

palabra

fjalë

texto

tekst

leer

lexoj

tiza

shkumës

lección

mësim

cuaderno de notas

regjistër

examen

provim

certificado

çertifikatë

uniforme escolar

uniformë shkolle

educación

arsimim

enciclopedia

enciklopedia

universidad

universitet

microscopio

mikroskop

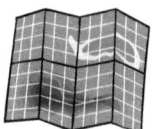

mapa

hartë

papelera

kosh letrash

viaje
udhëtim

hotel
hotel
Grand
albergue
bujtinë
ROOMS
oficina de cambio de divisas
pikë këmbimi valutor
EXCHANGE
maleta
valixhe
coche
makinë

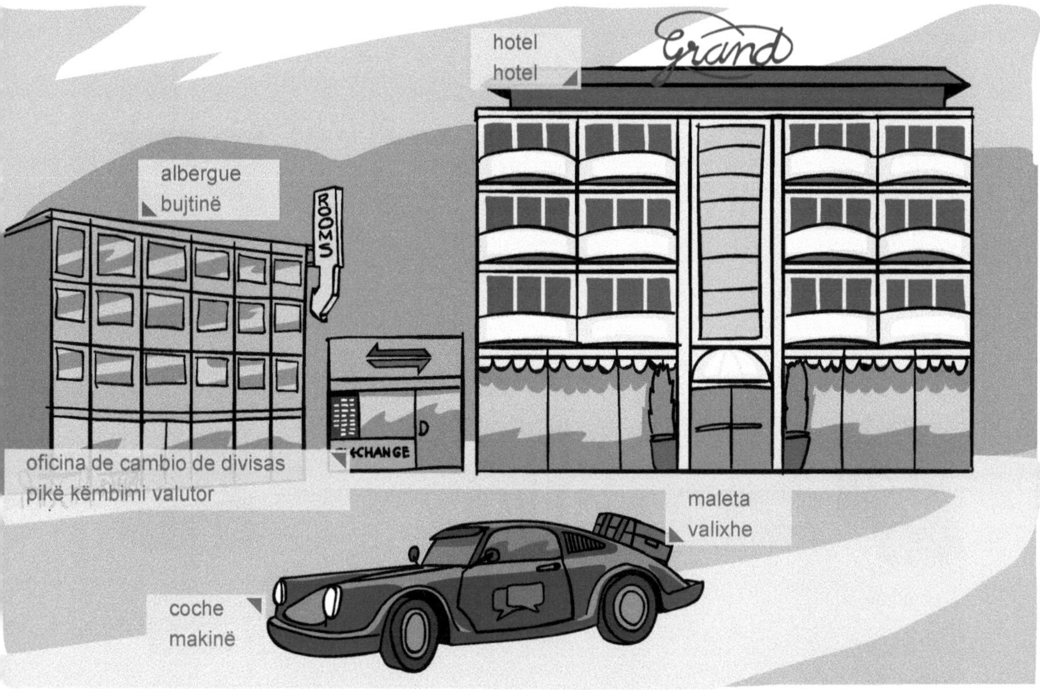

idioma

gjuhë

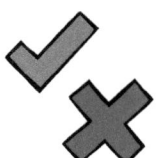

sí / no

po / jo

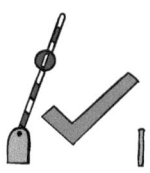

Vale

Në rregull

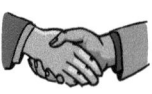

hola

ç'kemi

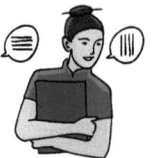

traductor

përkthyes

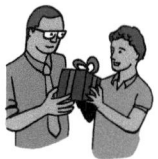

Gracias

Faleminderit

¿cuánto es…?

sa kushton…?

No entiendo

nuk e kuptoj

problema

problem

¡Buenas tardes!

Mirëmbrëma!

¡Buenos días!

Mirëmëngjes!

¡Buenas noches!

Natën e mirë!

adiós

mirupafshim

dirección

drejtim

equipaje

bagazhet

bolsa

çantë

mochila

çantë shpine

invitado

mysafir

habitación

dhomë

saco de dormir

thes gjumi

tienda de campaña

tendë

información turística

informacion për turistët

playa

plazh

tarjeta de crédito

kartë krediti

desayuno

mëngjes

almuerzo

drekë

cena

darkë

billete

Biletë

ascensor

ashensor

sello

pulla

frontera

kufi

aduana

doganë

embajada

ambasadë

visa

vizë

pasaporte

pasaportë

transporte

transport

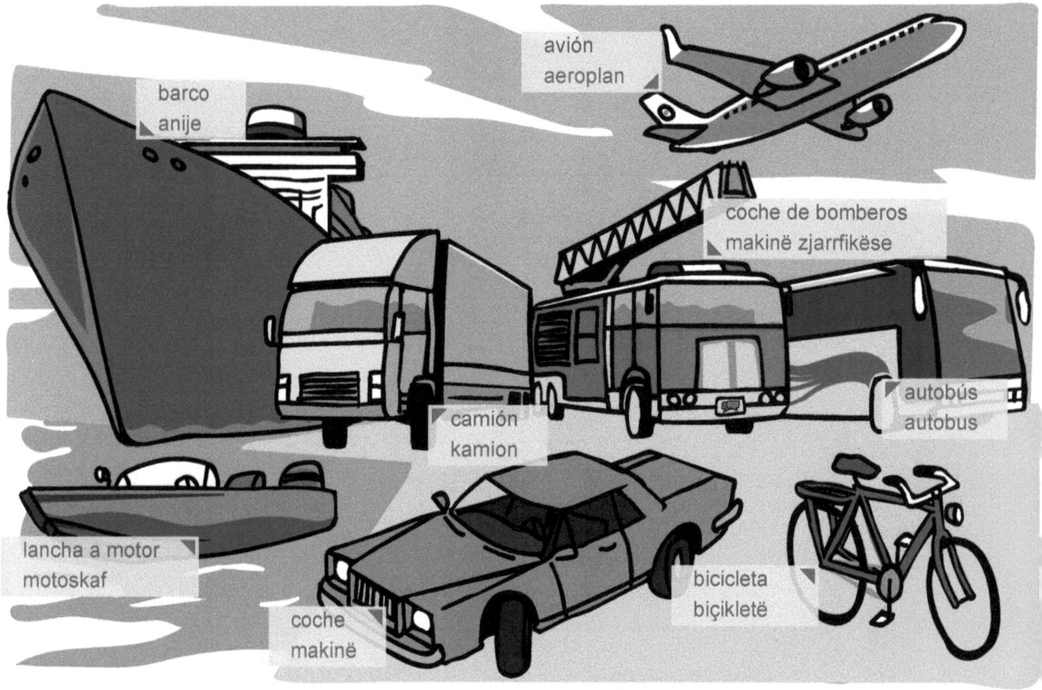

avión
aeroplan
barco
anije
coche de bomberos
makinë zjarrfikëse
autobús
autobus
camión
kamion
lancha a motor
motoskaf
bicicleta
biçikletë
coche
makinë

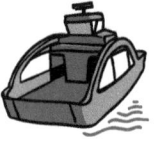

transbordador

traget

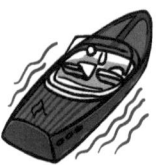

barca

varkë

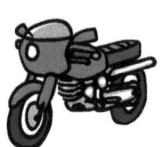

moto

motoçikletë

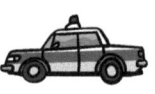

coche de policía

makinë policie

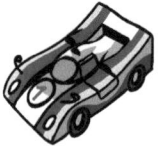

coche de carreras

makinë garash

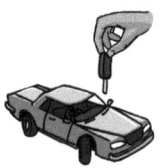

coche de alquiler

makinë me qira

préstamo de vehículos

ndarje e qirasë së makinës

grúa

karroatrec

camión de la basura

makinë plehrash

motor

motor

gasolina

benzinë

gasolinera

pikë karburanti

señal de tráfico

sinjalistikë trafiku

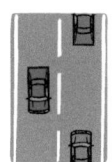

tráfico

trafik

atasco

bllokim trafiku

aparcamiento

parkim makinash

estación de tren

stacion treni

vías

trase

tren

tren

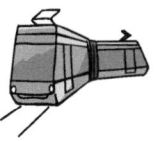

tranvía

tramvaj

vagón

karro

helicóptero
helikopter

aeropuerto
aeroport

torre
kullë

pasajero
pasagjer

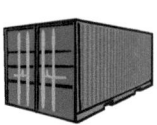

contenedor
kontenier

caja de cartón
kuti kartoni

carretilla
qerre

cesta
shportë

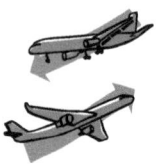

despegar / aterrizar
ngrihem / ulem

ciudad

qytet

pueblo
fshat

centro de ciudad
qendra e qytetit

casa
shtëpi

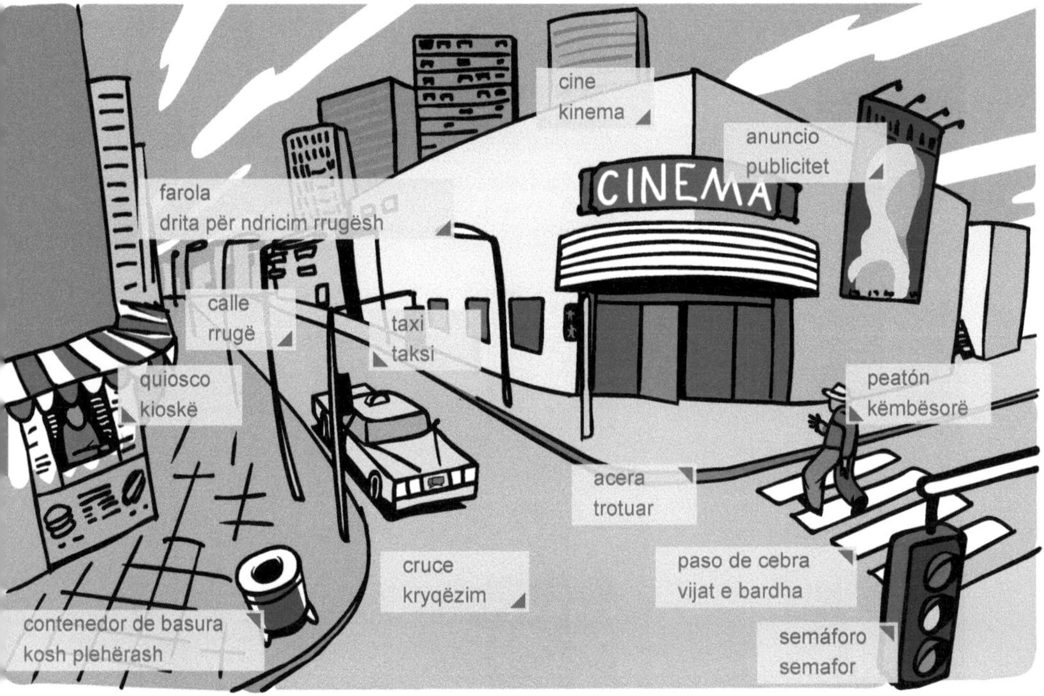

cine
kinema

anuncio
publicitet

farola
drita për ndricim rrugësh

calle
rrugë

taxi
taksi

quiosco
kioskë

peatón
këmbësorë

CINEMA

acera
trotuar

cruce
kryqëzim

paso de cebra
vijat e bardha

contenedor de basura
kosh plehërash

semáforo
semafor

cabaña

kasolle

apartamento

apartament

estación de tren

stacion treni

ayuntamiento

bashki

museo

muze

escuela

shkolla

universidad

universitet

banco

bankë

hospital

spital

hotel

hotel

farmacia

farmaci

oficina

zyrë

librería

librari

tienda

dyqan

floristería

dyqan lulesh

supermercado

supermarket

mercado

market

grandes almacenes

mapo

pescadería

dyqan peshku

centro comercial

qëndër tregtare

puerto

port

parque
park

banco
stol

puente
urë

escaleras
shkallë

metro
metro

túnel
tunel

parada de autobús
stacion autobuzi

bar
bar

restaurante
restorant

buzón
kuti postare

poste indicador
sinjalistikë rrugore

parquímetro
kohëmatës parkimi

zoo
kopsht zoologjik

piscina
pishinë

mezquita
xhami

granja

fermë

contaminación

ndotje

cementerio

varrezë

iglesia

kishë

patio de juego

shesh lojërash

templo

tempull

paisaje
peisazh

hoja
gjethe

señal
tabela orientuese

camino
rrugë

prado
livadh

piedra
gurë

árbol
pemë

excursionista
ekskursionist

río
lumë

hierba
bar

flor
lule

valle
luginë

colina
kodër

lago
liqen

bosque
pyll

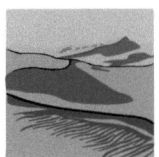

desierto
shkretëtirë

volcán
vullkan

castillo
kështjellë

arcoíris
ylber

champiñón
kepudhë

palmera
palmë

mosquito
mushkonjë

mosca
mizë

hormiga
milingonë

abeja
bletë

araña
merimangë

escarabajo

brumbull

rana

bretkosë

ardilla

ketër

erizo

iriq

liebre

lepur

lechuza

buf

pájaro

zog

cisne

mjellmë

jabalí

derr i egër

ciervo

dre

alce

dre brilopatë

presa

digë

turbina eólica

turbinë ere

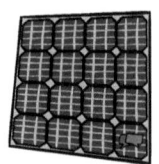

panel solar

panel diellor

clima

klimë

restaurante
restorant

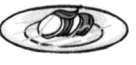

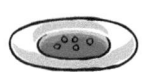

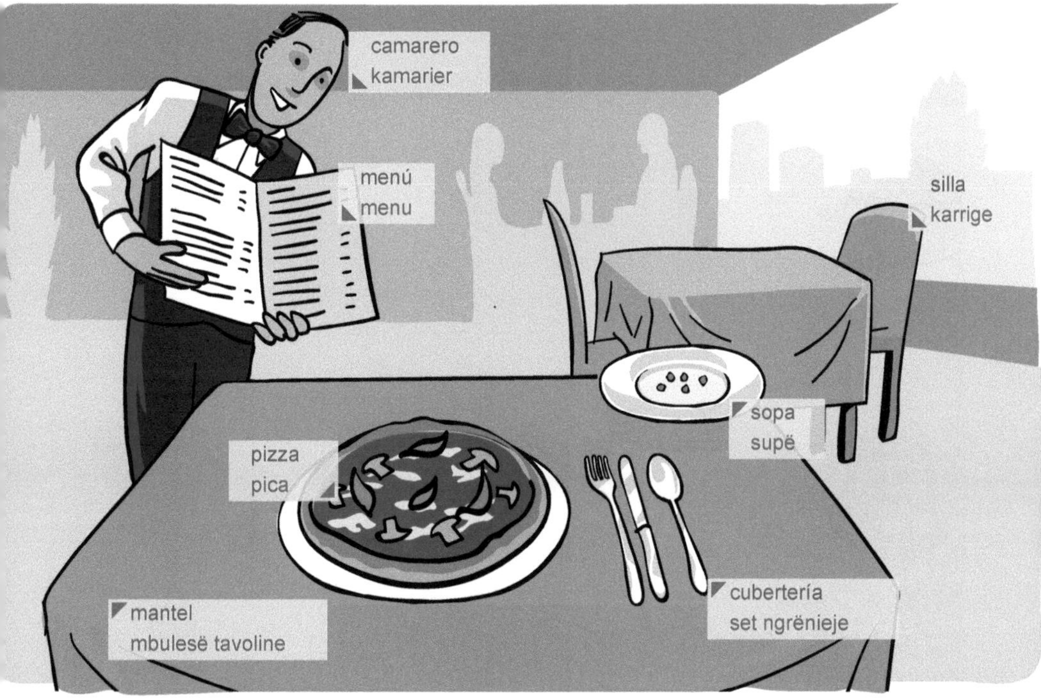
camarero
kamarier
menú
menu
silla
karrige
sopa
supë
pizza
pica
cubertería
set ngrënieje
mantel
mbulesë tavoline

primer plato

pjatë e parë

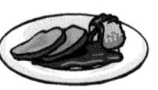

plato principal

pjatë kryesore

postre

ëmbëlsirë

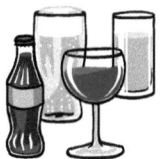

bebidas

pije

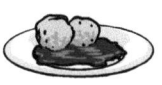

comida

ushqim

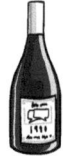

botella

shishe

comida rápida

ushqim i shpejtë

comida callejera

ushqim i shërbyer në rrugë

tetera

ibrik çaji

azucarero

kuti sheqeri

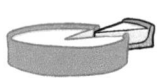

porción

racion

cafetera expreso

makinë kafeje ekspres

trona

karrige e lartë

cuenta

faturë

bandeja

tabaka

cuchillo

thika

tenedor

pirun

cuchara

lugë

cucharilla

lugë çaji

servilleta

pecetë

vaso

gotë

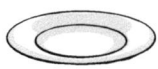

plato
pjatë

plato hondo
pjatë supe

platillo
pjatë filxhani

salsa
salcë

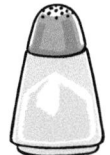

salero
mbajtëse kripe

molinillo de pimienta
mulli piperi

vinagre
uthull

aceite
vaj

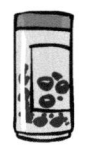

especias
erëza

ketchup
keçap

mostaza
mustardë

mayonesa
majonezë

supermercado
supermarket

oferta especial
ofertë speciale
FOR
cliente
klient
lácteos
produkte bulmeti
fruta
frut
carro de la compra
karrocë pazari

BUTCHERS

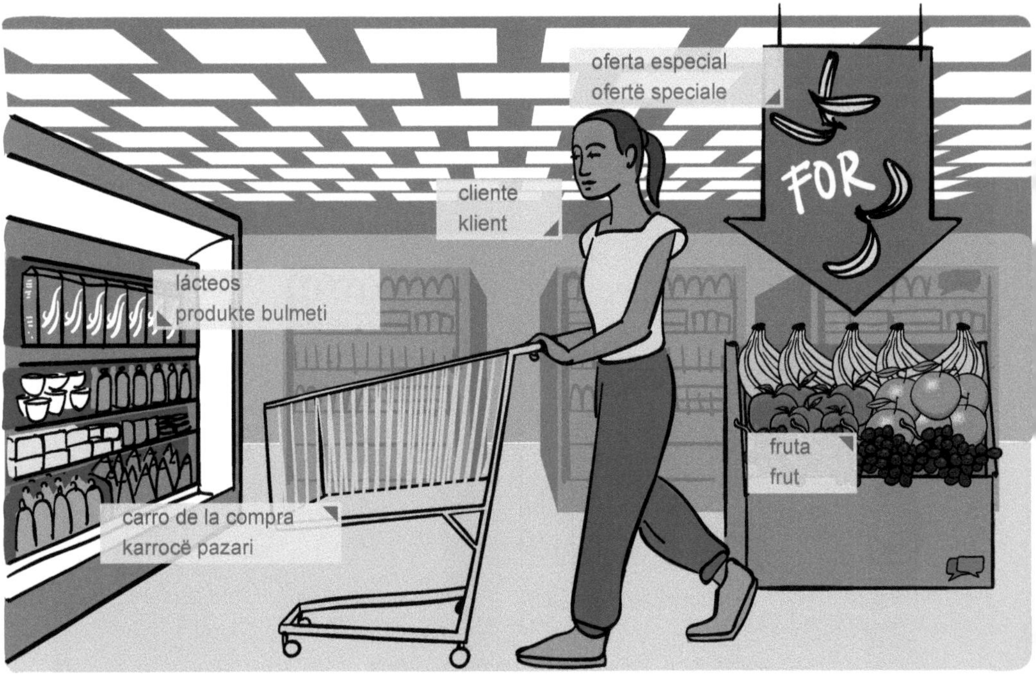

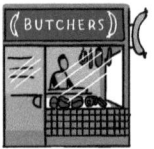

carnicería

dyqan mishi

BAKERY

panadería

furrë buke

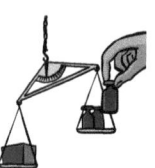

pesar

peshoj

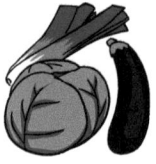

verduras

perime

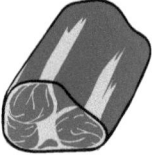

carne

mish

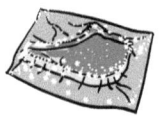

alimentos congelados

ushqim i ngrirë

fiambres

copë

conservas

ushqim i konservuar

detergente en polvo

pluhur larës

dulces

ëmbëlsirat

productos de uso doméstico

prodhime shtëpie

productos de limpieza

produkte pastrimi

vendedora

shitëse

caja

kasë fiskale

cajero

arkëtar

lista de la compra

listë blerjeje

horario de atención al público

oraret e punës

cartera

portofol

tarjeta de crédito

kartë krediti

bolsa

çantë

bolsa de plástico

qese plastike

agua

ujë

zumo

lëng frutash

leche

qumësht

cola

koka-kola

vino

verë

cerveza

birrë

alcohol

alkool

cacao

kakao

té

çaj

café

kafe

expreso

kafe ekspres

capuchino

kapuçino

plátano

banane

manzana

mollë

naranja

portokalle

melón

pjepër

limón

limon

zanahoria

karrotë

ajo

hudhër

bambú

bambu

cebolla

qepë

champiñón

kërpudha

avellanas

arra

fideos

makarona

espagueti

spageti

arroz

oriz

ensalada

sallatë

patatas fritas

patate të skuqura

patatas fritas

patate të skuqura

pizza

pica

hamburguesa

hamburger

sándwich

sanduiç

filete

shnicel

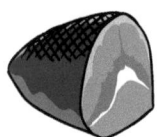

jamón

proshutë

salami

sallam

salchicha

salçiçe

pollo

pulë

asado

skuq

pescado

peshk

copos de avena

tërshërë

muesli

drithëra

copos de maíz

kornfleiks

harina

miell

cruasán

kruasant

panecillo

panine

pan

bukë

tostada

tost

galletas

biskotë

mantequilla

gjalp

cuajada

gjizë

pastel

tortë

huevo

vezë

huevo frito

vezë sy

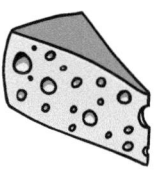

queso

djathë

helado

akullore

azúcar

sheqer

miel

mjaltë

mermelada

marmaladë

crema de turrón

çokokrem

curry

këri

granja
fermë

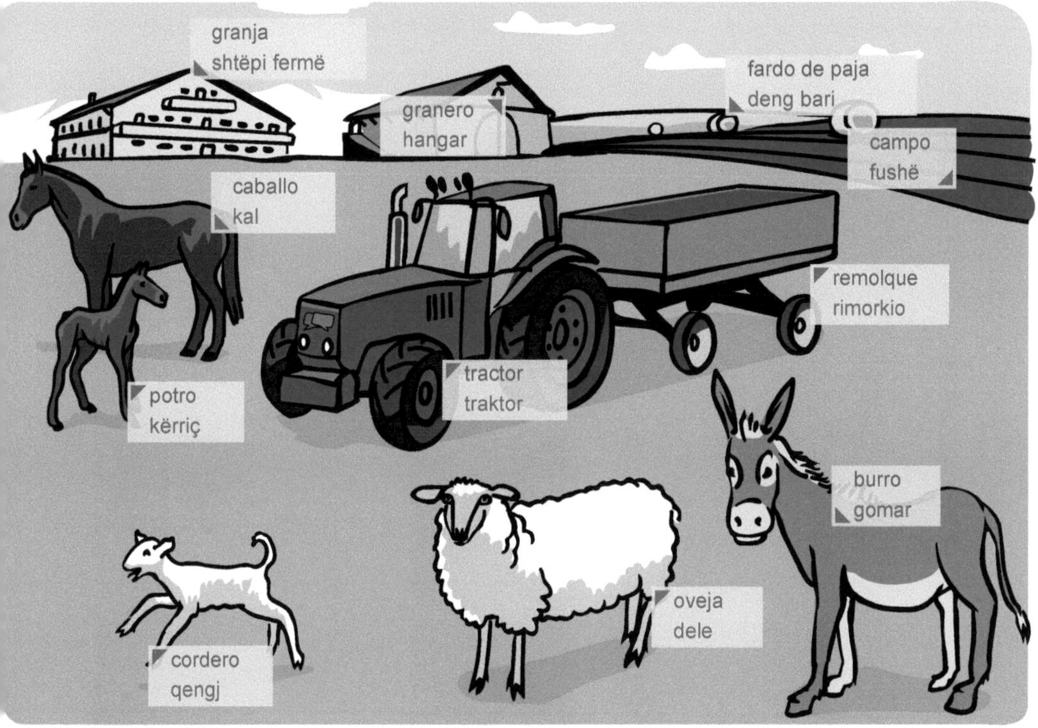
granja
shtëpi fermë
granero
hangar
fardo de paja
deng bari
campo
fushë
caballo
kal
remolque
rimorkio
tractor
traktor
potro
kërriç
burro
gomar
oveja
dele
cordero
qengj

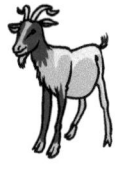

cabra
dhi

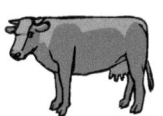

vaca
lopë

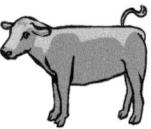

ternero
viç

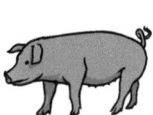

cerdo
derr

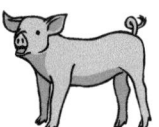

cerdito
derrkuc

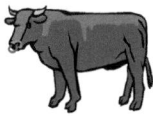

toro
dem

ganso
patë

pato
rosë

pollo
zog pule

gallina
pulë

gallo
gjel

rata
mi

gato
mace

ratón
mi

buey
buall

perro
qen

perrera
kolibe qeni

manguera
zorrë vaditëse

regadera
vaditëse

guadaña
kosë

arado
plug

hoz

drapër

azada

shat

horca

kosa

hacha

sëpatë

carretilla

karrocë

abrevadero

govatë

lechera

bidon qumështi

saco

thes

valla

gardh

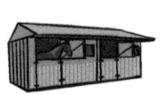

establo

ahur

invernadero

serë

suelo

dhe

semilla

farë

fertilizador

pleh

cosechadora

autokombanjë

cosechar

korr

cosecha

te korrat

ñame

patate e ëmbël "Yam"

trigo

grurë

soja

soja

patata

patate

maíz

misër

semilla de colza

raps

árbol frutal

pemë frutore

mandioca

zhardhok manioku

cereales

drithëra

casa
shtëpi

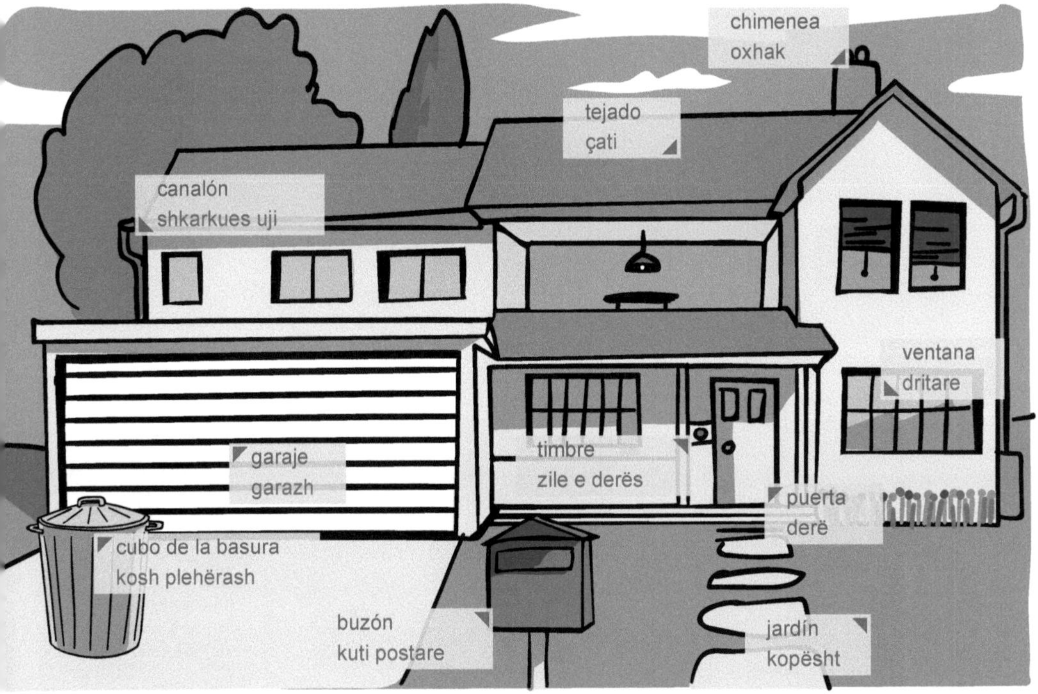
chimenea
oxhak
tejado
çati
canalón
shkarkues uji
ventana
dritare
garaje
garazh
timbre
zile e derës
puerta
derë
cubo de la basura
kosh plehërash
buzón
kuti postare
jardín
kopësht

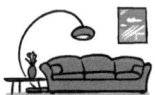

sala

dhomë ndenjeje

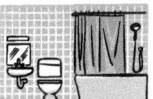

cuarto de baño

tualet

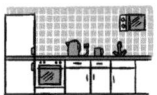

cocina

kuzhinë

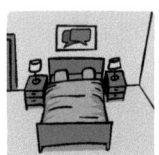

dormitorio

dhomë gjumi

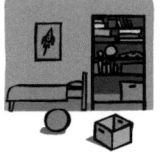

habitación de los niños

dhomë fëmijësh

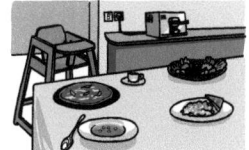

comedor

dhomë ngrënieje

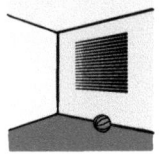

suelo

dysheme

pared

mur

techo

tavan

sótano

bodrum

sauna

sauna

balcón

ballkon

terraza

tarracë

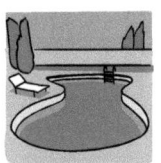

piscina

pishinë

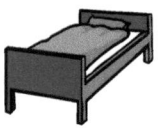

cortacésped

kositëse bari

sábana

çarçaf

colcha

kuvertë

cama

krevat

escoba

fshesë dore

balde

kovë

interruptor

çelës

sala
dhomë ndenjeje

papel pintado
tapiceri
imagen
fotografi
lámpara
llambë
estante
raft
armario
dollap
televisión
pajisje televizive
chimenea
vatër
flor
lule
cojín
jastëk
sofá
divan
jarrón
vazo
mando a distancia
telekomandë

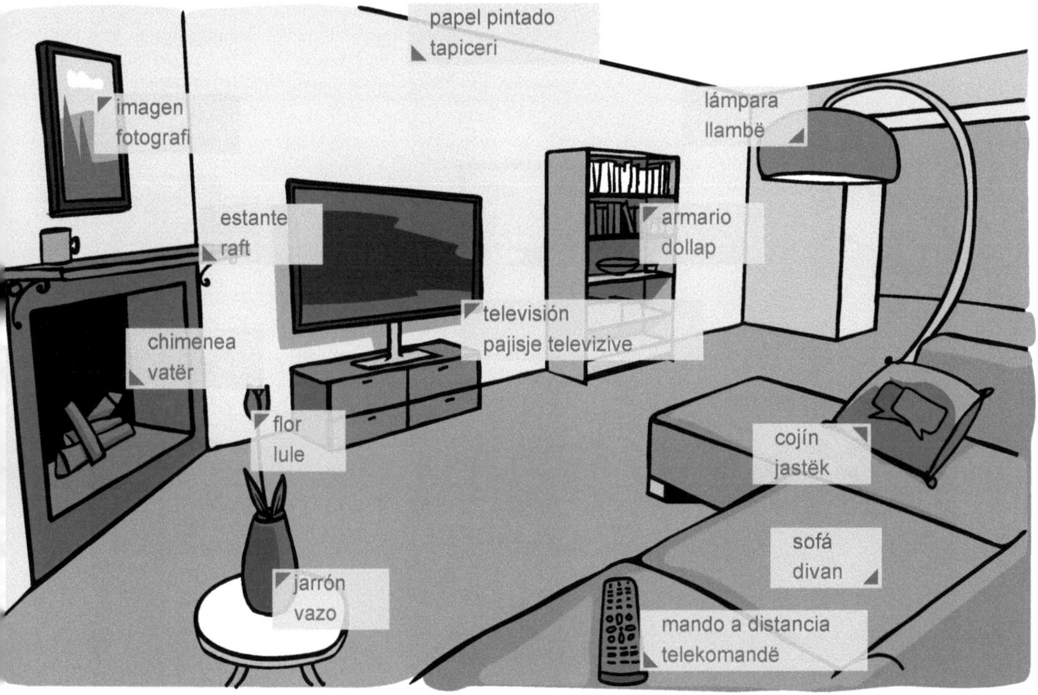

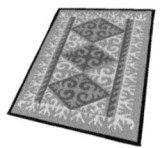

alfombra
qilim

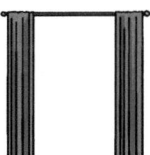

cortina
perde

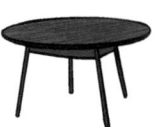

mesa
tavolinë

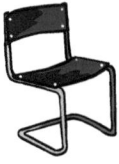

silla
karrige

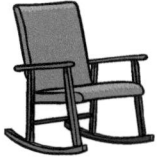

mecedora
karrige lëkundëse

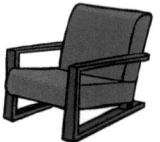

butaca
kolltuk

libro

libri

manta

batanije

decoración

zbukurime

leña

dru zjarri

película

film

equipo de música

stereo

llave

çelës

periódico

gazetë

pintura

pikturë

póster

afishe

radio

radio

cuaderno

bllok shënimesh

aspiradora

fshesë me korent

cactus

kaktus

vela

qiri

cocina
kuzhinë

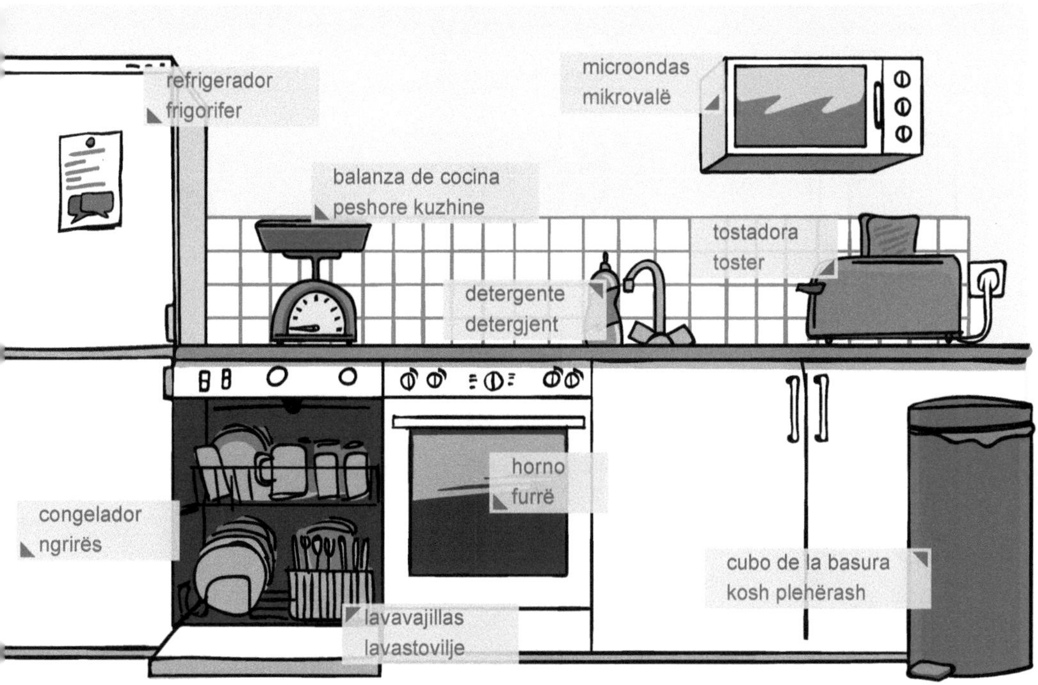
refrigerador
frigorifer
microondas
mikrovalë
balanza de cocina
peshore kuzhine
tostadora
toster
detergente
detergjent
horno
furrë
congelador
ngrirës
cubo de la basura
kosh plehërash
lavavajillas
lavastovilje

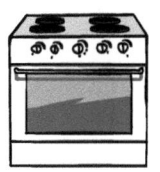

olla a presión

sobë

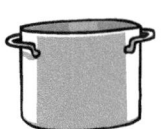

olla

tenxhere

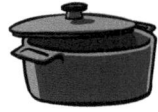

olla de hierro fundido

tenxhere me kapak

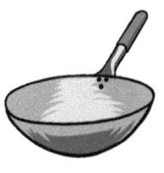

wok / karahi

tigan special (Wok)

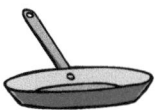

cazuela

tigan

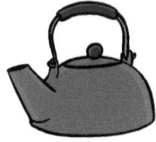

hervidor

çajnik

vaporera

tenxhere me avull

chapa de horno

tavë pjekjeje

vajilla

enë

taza

filxhan

tazón

tas

palillos

shkopinj

cucharón

garuzhde

espumadera

spatul

batidor

tel kuzhine

colador

kulluese

cedazo

sitë

rallador

rende

mortero

havan

barbacoa

skarë

hoguera

zjarr

cocina - kuzhinë

tabla de picar

dërrasë për prerje

rodillo

okllai

sacacorchos

heqëse tapash

lata

kanaçe

abrelatas

hapëse kanaçeje

agarrador

rrobë për të kapur tenxheren

lavabo

lavaman

cepillo

furçë

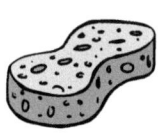

esponja

sfungjer

batidora

përzjerës

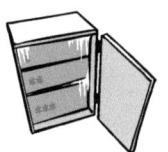

congelador

ngrirës

biberón

biberon për lëngje

grifo

rubinet

cuarto de baño
tualet

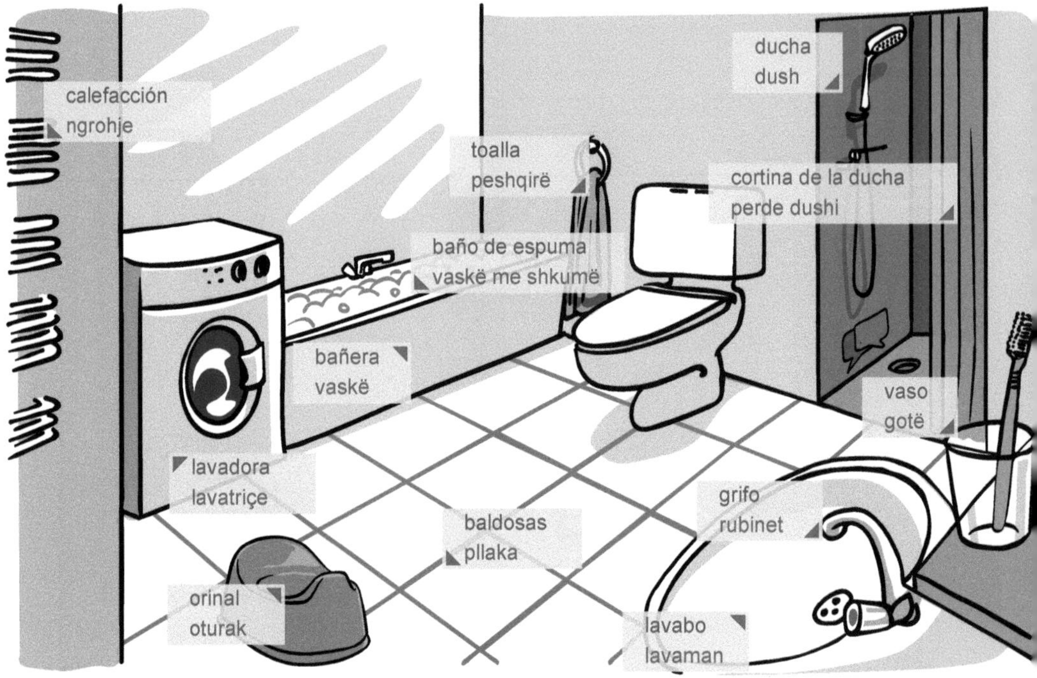
calefacción
ngrohje
toalla
peshqirë
ducha
dush
cortina de la ducha
perde dushi
baño de espuma
vaskë me shkumë
bañera
vaskë
vaso
gotë
lavadora
lavatriçe
grifo
rubinet
baldosas
pllaka
orinal
oturak
lavabo
lavaman

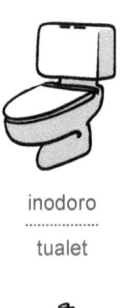

inodoro
tualet

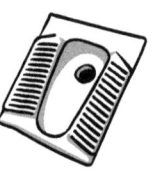

inodoro rústico
WC e sheshtë

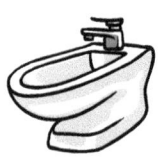

bidé
bide

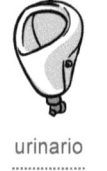

urinario
tualet publik

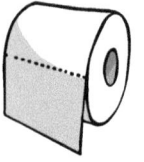

papel higiénico
letër higjienike

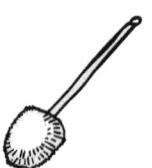

escobilla del váter
furçe për WC

cepillo de dientes

furçë dhëmbësh

pasta de dientes

pastë dhëmbësh

hilo dental

fije dentare

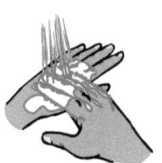

lavar

laj

ducha de mano

dorezë dushi

ducha íntima

larës për zonën intime

pila

legen

cepillo de espalda

furçë për masazh shpine

jabón

sapun

gel de ducha

shampo trupi

champú

shampo

toallita

leckë pastruese

desagüe

kullues

crema

krem

desodorante

antidjersë

espejo

pasqyrë

espejo de tocador

pasqyrë dore

maquinilla de afeitar

brisk rroje

espuma de afeitar

shkumë rroje

loción postafeitado

locion pas rrojes

peine

krehër

cepillo

furçë

secador

tharëse flokësh

laca

llak për flokët

maquillaje

grim

pintalabios

buzëkuq

pintauñas

manikyr

algodón

mbushje pambuku

cortauñas

gërshërë për thonj

perfume

parfum

estuche de viaje

çantë për sendet personale

banqueta

Stol

balanza

peshore

albornoz

robëdëshambër

guantes de goma

dorashka gome

tampón

tampon

compresa

peceta higjienike

inodoro químico

tualet I lëvizshëm

habitación de los niños
dhomë fëmijësh

despertador
orë me zile
peluche
lodra me pellushë
coche de juguete
makinë lodër
sonajero
rraketake
casa de muñecas
shtëpi kukullash
regalo
dhuratë

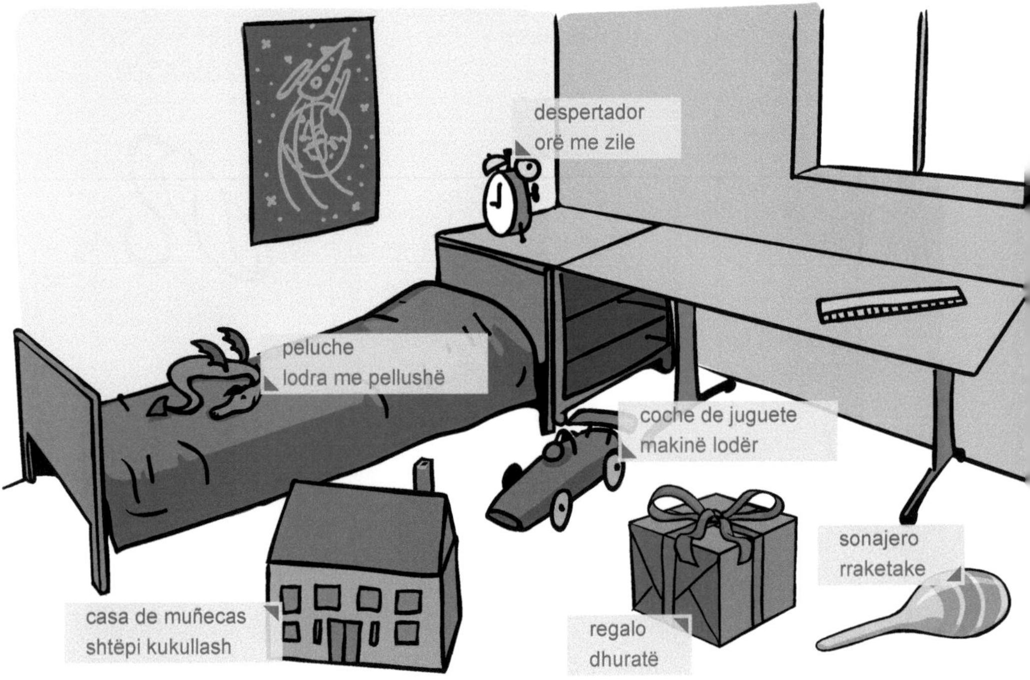

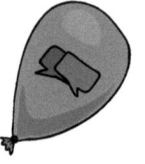

globo
tollumbace

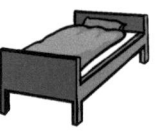

cama
krevat

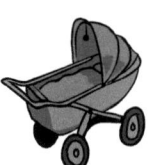

coche de niño
karrocë fëmijësh

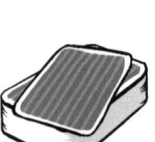

naipes
lojë me letra

puzle
bashkim pjesësh me figura

SUPER
MEGA

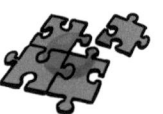

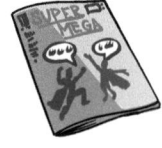

tebeo
komik

piezas de lego

formuese lodër

bloques de juguete

kuba plastikë

figura de acción

lodra

bodi (de bebé)

badi

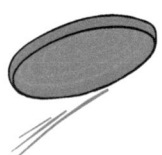

frisbee

frizbi

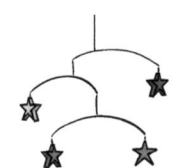

colgador móvil para bebés

lodra të varura tek krevati i fëmijëve

juego de mesa

tavolinë lojërash

dados

zare

circuito de tren eléctrico

model treni

maniquí

biberon

fiesta

festë

álbum de fotos

libër me ilustrime

pelota

top

muñeca

kukull

jugar

luaj

cajón de arena

grumbull rëre

columpio

kolovarëse

juguetes

lodra

videoconsola

leva për lojra video

triciclo

triçikël

oso de peluche

arush prej pellushi

guardarropa

garderobë

ropa

veshje

calcetines

çorape

medias

çorape të gjata

leotardos

geta

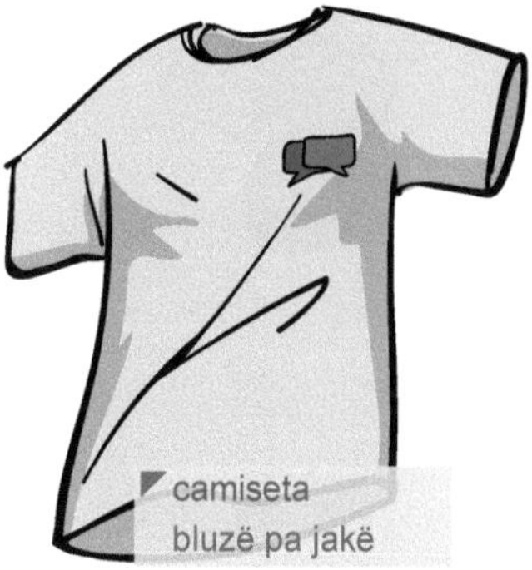

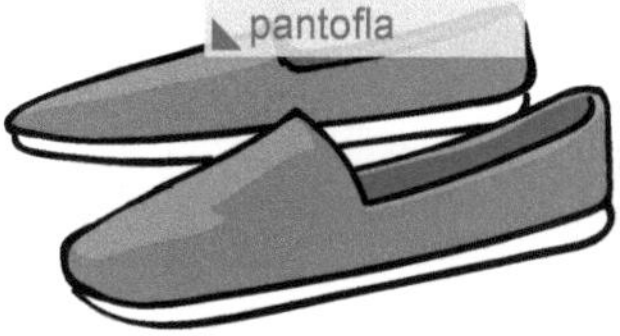

bufanda
shall

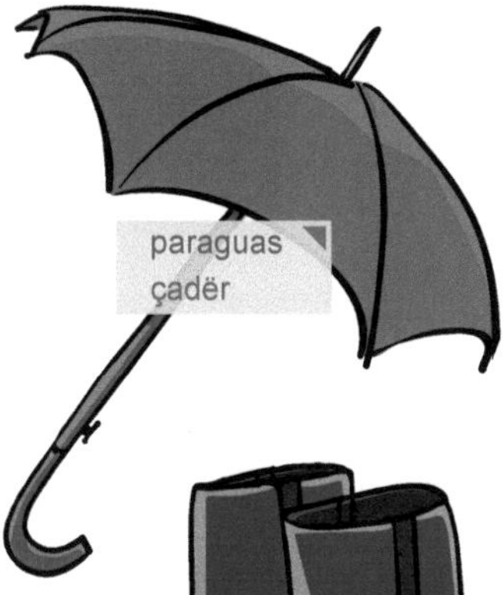

cinturón
rrip

paraguas
çadër

camiseta
bluzë pa jakë

botas
çizme

zapatillas
pantofla

deportivas
atlete

sandalias
·················
sandale

zapatos
·················
këpucë

botas de goma
·················
çizme llastiku

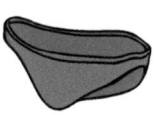

slip
·················
të mbathura

sostén
·················
reçipeta

chaleco
·················
kanotierë

ropa - veshje

bodi
trup

pantalones
pantallona

vaqueros
xhinse

falda
fund

blusa
bluzë

camisa
këmishë

jersey
pulovër

suéter
triko

blazer
xhaketë

chaqueta
xhaketë

abrigo
pallto

gabardina
mushama shiu

traje
kostum

vestido
fustan

vestido de novia
fustan nusërie

traje

kostum

camisón

këmishë nate

pijama

pizhama

sari

sari (veshje tradicionale indiane)

bandana

shami koke

turbante

çallmë

burka

veshje për femrat e besimit musliman

caftán

kaftan (lloj veshjeje tradicionale)

abaya

ferexhe

traje de baño

kostum banje

bañador

rroba banje

pantalones cortos

pantallona të shkurtra

chándal

tuta sporti

delantal

përparëse

guantes

dorashka

botón

kopsë

gafas

syze

brazalete

byzylyk

collar

gjerdan

anillo

unazë

pendiente

vath

gorra

kapuç

percha

varëse për pallto

sombrero

kapele

corbata

kravatë

cremallera

zinxhir

casco

helmetë

tirantes

tiranda

uniforme escolar

uniformë shkolle

uniforme

uniformë

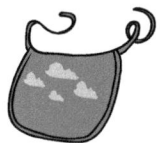

babero

gushore

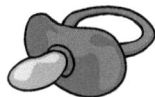

maniquí

biberon

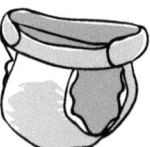

pañal

pelenë

oficina

zyrë

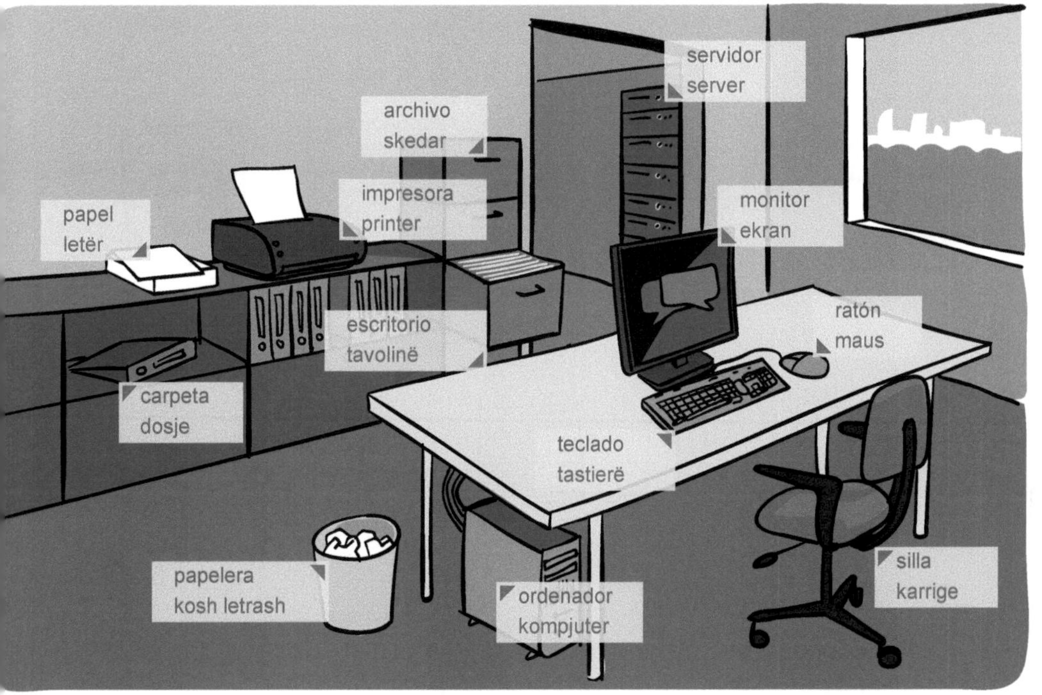

servidor
server
archivo
skedar
impresora
printer
papel
letër
monitor
ekran
ratón
maus
escritorio
tavolinë
carpeta
dosje
teclado
tastierë
papelera
kosh letrash
ordenador
kompjuter
silla
karrige

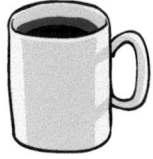

taza de café

filxhan kafeje

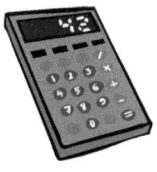

calculadora

makinë llogaritëse

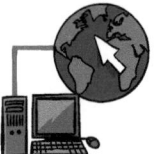

internet

internet

portátil

kompjuter portativ

carta

letër

mensaje

mesazh

móvil

telefon

red

rrjet

fotocopiadora

fotokopje

software

program

teléfono

telefon

toma de corriente

prizë

fax

pajisje faksi

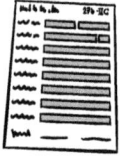

formulario

formular

documento

dokument

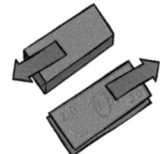

comprar

blej

pagar

paguaj

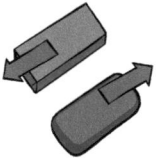

comerciar

tregtoj

dinero

para

USD

dólar

dollar

EUR

euro

euro

JPY

yen

jen

RUB

rublo

rubla

CHF

franco suizo

franga zvicerane

CNY

renminbi yuan

juani kinez

INR

rupia

rupje

cajero automático

bankomat

oficina de cambio de divisas

pikë këmbimi valutor

oro

ar

plata

argjend

petróleo

nafta

energía

energji

precio

çmim

contrato

kontratë

impuesto

taksë

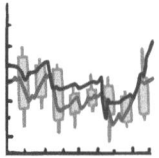

acción

aksione

trabajar

punoj

empleado

punonjës

empleador

punëdhënës

fábrica

fabrikë

tienda

dyqan

oficios
profesionet

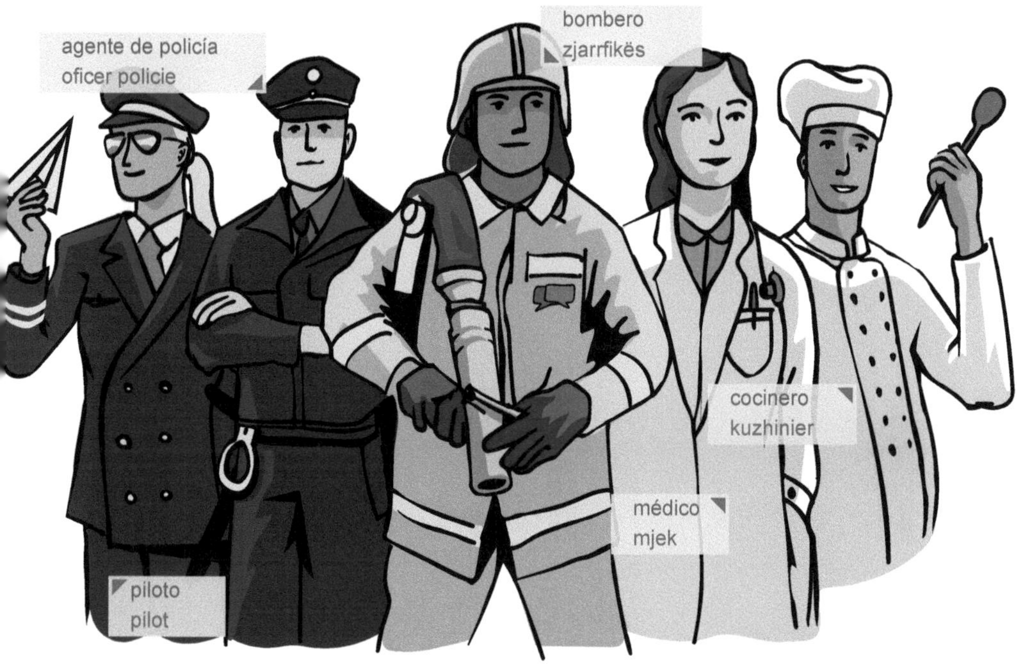

agente de policía
oficer policie
bombero
zjarrfikës
cocinero
kuzhinier
médico
mjek
piloto
pilot

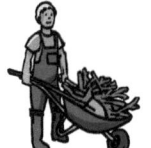

jardinero
kopshtar

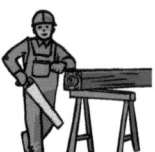

carpintero
marangoz

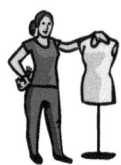

costurera
rrobaqepëse

juez
gjykatës

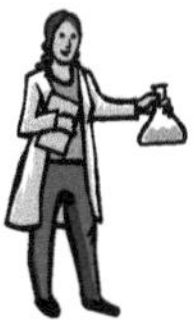

farmacéutico
kimist

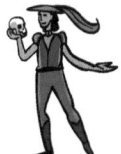

actor
aktor

conductor de autobús

shofer autobuzi

taxista

taksist

pescador

peshkatar

señora de la limpieza

pastruese

techador

riparues çatish

camarero

kamarier

cazador

gjuetar

pintor

piktor

panadero

furrxhi

electricista

elektriçist

obrero

ndërtues

ingeniero

inxhinier

carnicero

kasap

fontanero

hidraulik

cartero

postieri

soldado
ushtar

arquitecto
arkitekt

cajero
arkëtar

florista
luleshitës

peluquero
berber

revisor
kontrollor

mecánico
mekanik

capitán
kapiten

dentista
dentist

científico
shkencëtar

rabino
rabin

imán
imam

monje
murg

sacerdote
klerik

herramientas
mjete

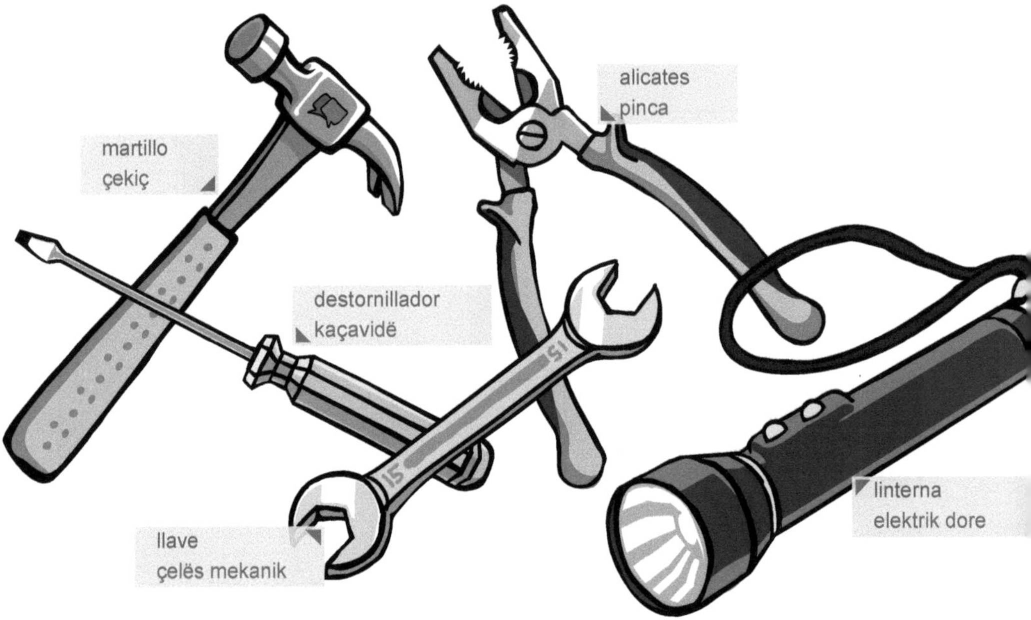

martillo
çekiç
alicates
pinca
destornillador
kaçavidë
llave
çelës mekanik
linterna
elektrik dore

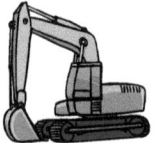

excavadora
ekskavator

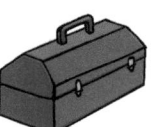

caja de herramientas
kuti veglash

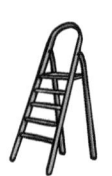

escalera de mano
shkallë

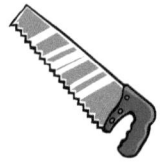

sierra
sharrë

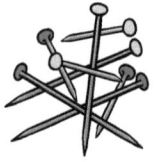

clavos
gozhdë

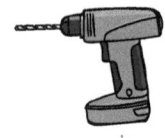

taladro
trapan

reparar
riparoj

pala
lopatë

¡Maldita sea!
Dreq!

recogedor
kaci

bote de pintura
kuti boje

tornillos
vidhë

instrumentos musicales
instrumenta muzikorë

batería
bateri

altavoz
altoparlant

guitarra
kitare

contrabajo
kontrabas

trompeta
trompë

piano
piano

violín
violinë

bajo
bas

timbales
tamburë

tambor
daulle

teclado
tastierë pianoje

saxofón
saksofon

flauta
flaut

micrófono
mikrofon

instrumentos musicales - instrumenta muzikorë

zoo

kopsht zoologjik

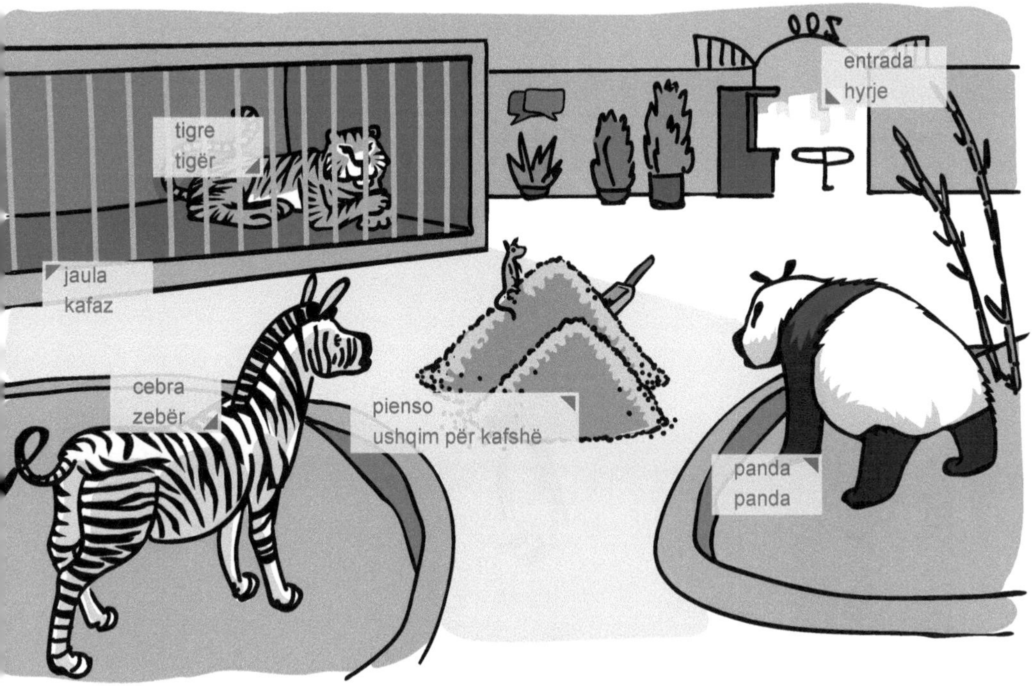

entrada
hyrje
tigre
tigër
jaula
kafaz
cebra
zebër
pienso
ushqim për kafshë
panda
panda

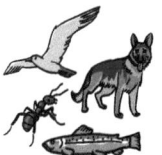

animales

kafshë

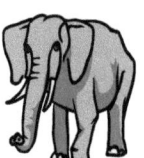

elefante

elefant

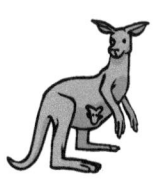

canguro

kangur

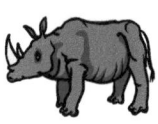

rinoceronte

rinoceront

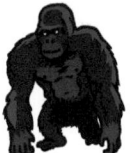

gorila

gorillë

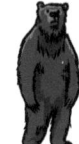

oso

ari

camello
deve

avestruz
struc

león
luan

mono
majmun

flamingo
flamingo

loro
papagall

oso polar
ari polar

pingüino
pinguin

tiburón
peshkaqen

pavo real
pallua

serpiente
gjarpër

cocodrilo
krokodil

guardián de zoológico
punonjës i kopshtit zoologjik

foca
fokë

jaguar
xhaguar

poni

poni

leopardo

leopard

hipopótamo

hipopotam

jirafa

gjirafë

águila

shqiponjë

jabalí

derr i egër

pescado

peshk

tortuga

breshkë

morsa

lopë deti

zorro

dhelpër

gacela

gazelë

fútbol americano
futboll amerikan

ciclismo
çiklizëm

tenis
tenis

baloncesto
basketboll

natación
not

boxeo
boks

hockey sobre hielo
hokej mbi akull

fútbol
futboll

bádminton
badminton

atletismo
atletikë

balonmano
hendboll

esquí
ski

polo
polo

saltar
hidhem

abrazar
përqafoj

reír
qesh

caminar
eci

cantar
këndoj

rezar
lutem

besar
puth

soñar
ëndërroj

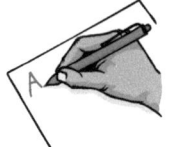

escribir
shkruaj

dibujar
vizatoj

mostrar
tregoj

empujar
shtyj

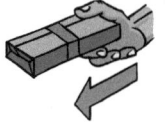

dar
jap

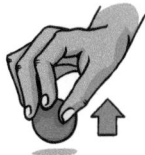

tomar
marr

tener
kam

hacer
bëj

ser
jam

estar de pie
qëndroj

correr
vrapoj

tirar
tërheq

tirar
hedh

caer
bie

yacer
shtrihem

esperar
pres

llevar
mbaj

estar sentado
ulem

vestirse
vishem

dormir
fle

despertar
zgjohem

mirar

shikoj

llorar

qaj

acariciar

përkëdhel

peinar

kreh

hablar

bisedoj

entender

kuptoj

preguntar

kërkoj

escuchar

dëgjoj

beber

pi

comer

ha

ordenar

sistemoj

amar

dashuroj

cocinar

gatuaj

conducir

drejtoj makinën

volar

fluturoj

navegar

lundroj

calcular

llogaris

leer

lexoj

aprender

mësoj

trabajar

punoj

casarse

martohem

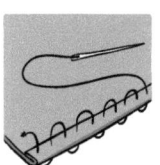

coser

qep

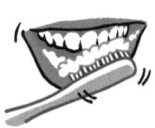

cepillarse los dientes

laj dhëmbët

matar

vras

fumar

tymos

enviar

dërgoj

actividades - aktivitet

abuela
gjyshe

abuelo
gjysh

padre
baba

madre
nënë

bebé
bebe

hija
vajzë

hijo
djalë

invitado
mysafir

tía
teze, hallë

tío
dajë, xhaxha

hermano
vëlla

hermana
motër

cuerpo
trupi

frente
balli
ojo
syri
hombro
shpatulla
dedo
gishti
cara
fytyra
barbilla
mjekra
mano
dora
pierna
këmba
pecho
krahërori
brazo
krahu

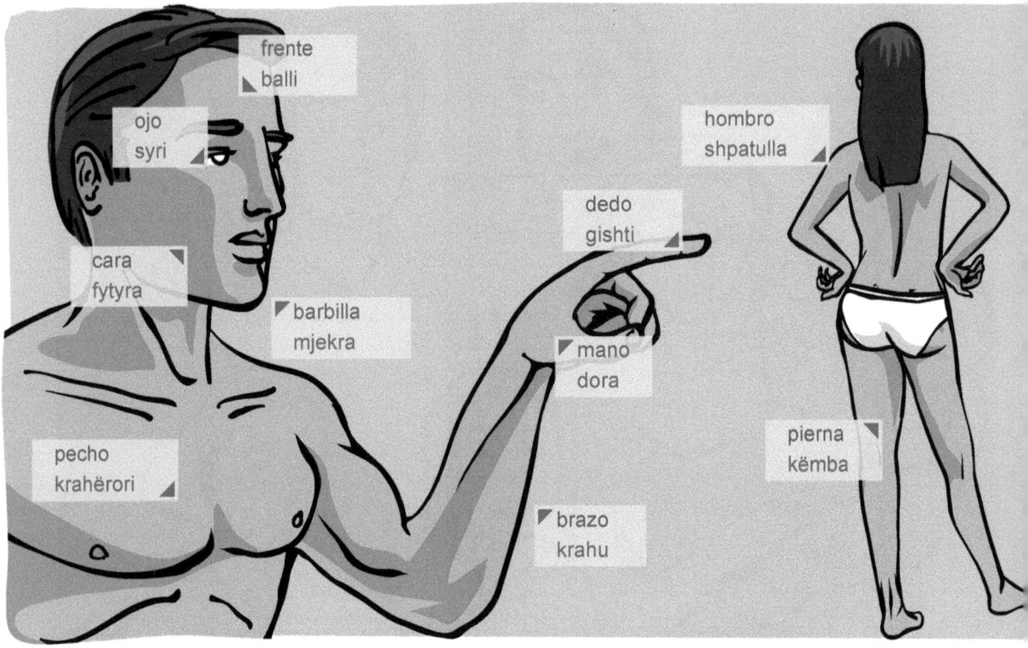

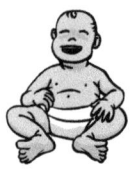

bebé

bebe

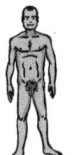

hombre

burrë

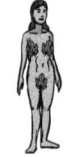

mujer

grua

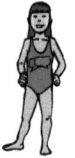

chica

vajzë

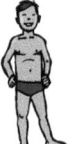

chico

djalë

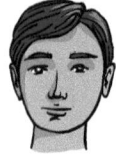

cabeza

koka

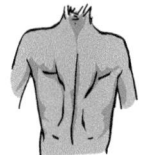

espalda

shpina

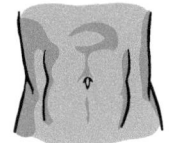

vientre

barku

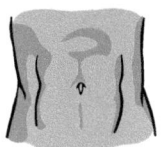

ombligo

kërthiza

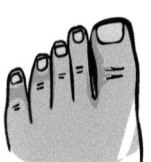

dedo del pie

gisht këmbe

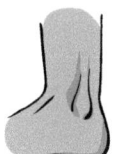

talón

Thembra

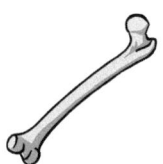

hueso

kockë

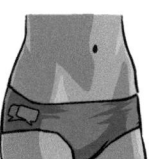

cadera

legeni

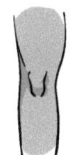

rodilla

gjuri

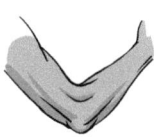

codo

bërryli

nariz

hunda

trasero

vithe

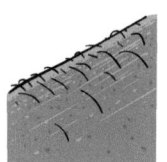

piel

lëkura

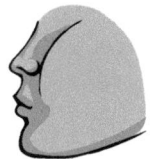

mejilla

faqja

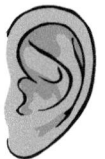

oído

veshi

labio

buza

cuerpo - trupi

boca

goja

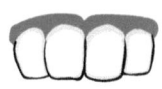

diente

dhëmbët

lengua

gjuha

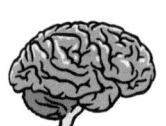

cerebro

truri

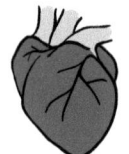

corazón

zemra

músculo

muskul

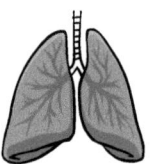

pulmón

mushkëria

hígado

mëlçia

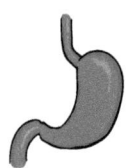

estómago

stomaku

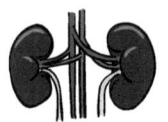

riñones

veshka

sexo

seks

condón

prezervativ

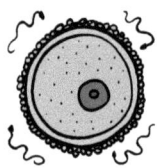

ovario

veza

semen

sperma

embarazo

shtatëzani

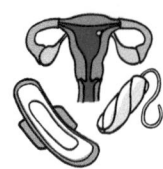

menstruación
menstruacione

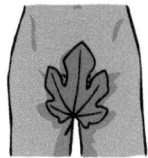

vagina
vagina

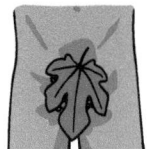

pene
penis

ceja
vetulla

pelo
flokët

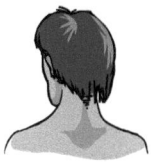

cuello
qafa

hospital
spital

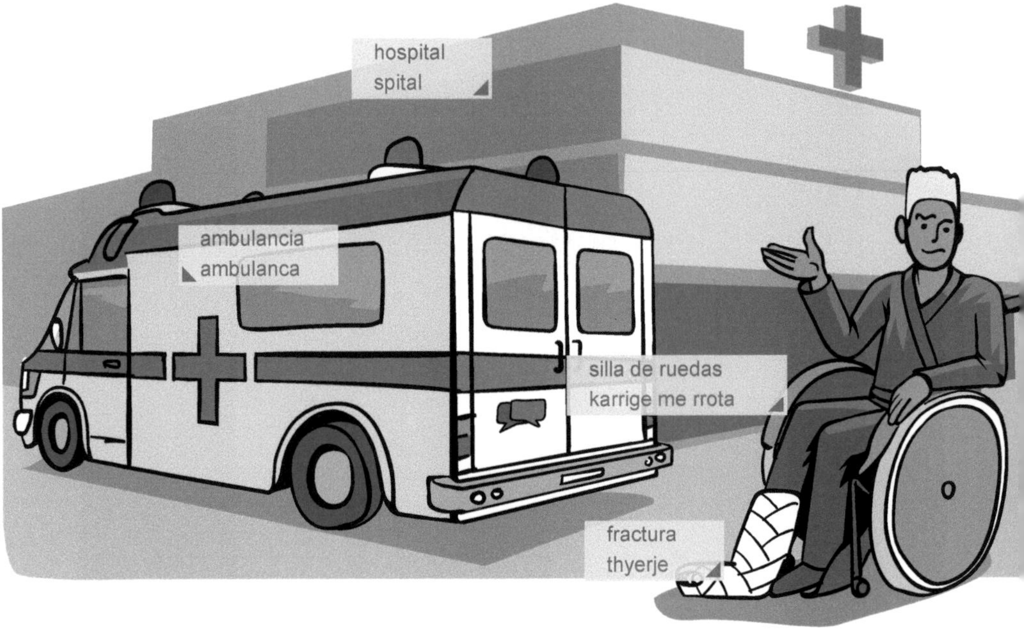

hospital
spital
ambulancia
ambulanca
silla de ruedas
karrige me rrota
fractura
thyerje

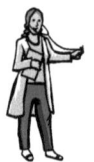

médico

mjek

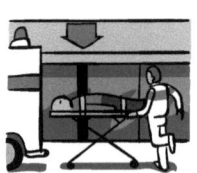

sala de urgencias

sallë urgjencash

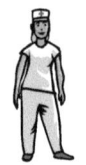

enfermera

infermiere

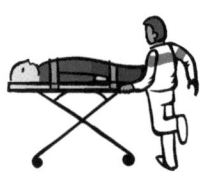

urgencia

emergjencë

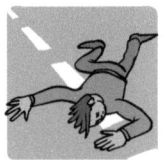

inconsciente

i pandërgjegjshëm

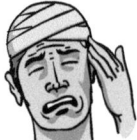

dolor

dhimbje

lesión

dëmtim

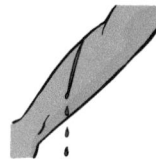

hemorragia

gjakosje

infarto

infarkt

ictus

goditje

alergia

alergji

tos

kolla

fiebre

ethe

gripe

grip

diarrea

diarre

dolor de cabeza

dhimbje koke

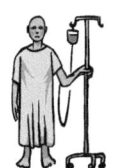

cáncer

kancer

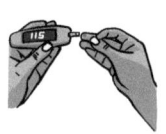

diabetes

diabet

cirujano

kirurg

bisturí

bisturi

operación

operacion

TAC
....
CT (skaner)

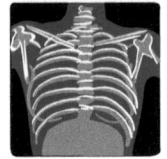

rayos x
....
radiografi

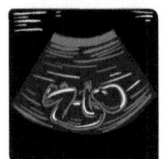

ultrasonido
....
ultratingull

mascarilla
....
maskë fytyre

enfermedad
....
sëmundje

sala de espera
....
dhomë pritjeje

muleta
....
paterica

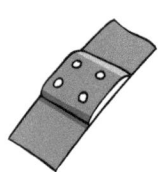

tirita
....
leukoplast

venda
....
fasho

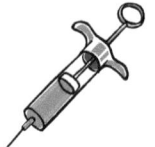

inyección
....
injeksion

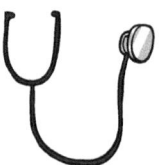

estetoscopio
....
stetoskop

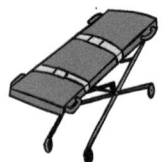

camilla
....
barelë

termómetro
....
termometër

nacimiento
....
lindje

sobrepeso
....
mbipeshë

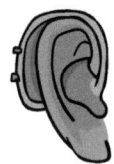

audífono

aparat dëgjimi

desinfectante

dezinfektant

infección

infeksion

virus

virus

VIH / SIDA

HIV / AIDS

medicina

mjekësi, mjekim

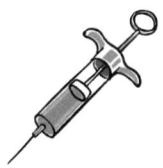

vacunación

vaksinim

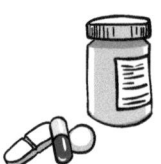

tabletas

tableta

pastilla

pilulë

llamada de urgencia

telefonatë emergjence

tensiómetro

aparat tensioni

enfermo / sano

i sëmurë / i shëndetshëm

¡Socorro!

Ndihmë!

alarma

alarm

asalto

sulm

ataque

atak

peligro

rrezik

salida de emergencia

dalje emergjence

¡Fuego!

Zjarr!

extintor de incendios

fikëse zjarri

accidente

aksident

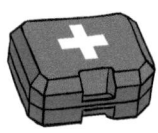

botiquín de primeros
auxilios
kuti e ndimës së shpejtë

SOS

SOS

policía

policia

Europa

Europa

Norteamérica

Amerika e Veriut

Sudamérica

Amerika e Jugut

África

Afrika

Asia

Azia

Australia

Australia

Atlántico

Atlantiku

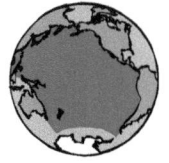

Pacífico

Paqësori

Océano Índico

Oqeani Indian

Océano Antártico

Oqeani Antarktik

Océano Ártico

Oqeani Arktik

polo norte

Poli i veriut

polo sur

Poli i Jugut

Antártida

Antarktida

tierra

toka

tierra

tokë

mar

det

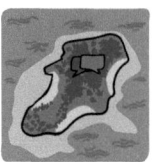

isla

ishull

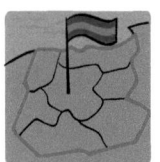

nación

komb

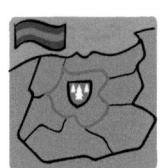

estado

shtet

esfera

fusha e orës

manecilla de las horas

akrepi i orës

minutero

akrepi i minutave

segundero

akrepi i sekondave

¿Qué hora es?

Sa është ora?

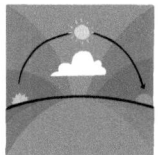

día

ditë

tiempo

kohë

ahora

tani

reloj digital

orë dixhitale

minuto

minutë

hora

orë

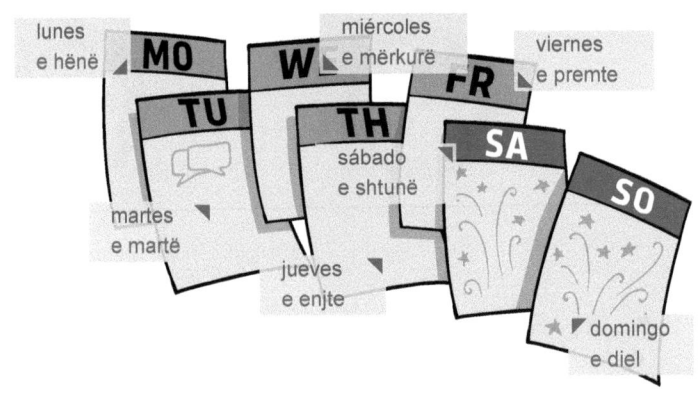

lunes
e hënë

miércoles
e mërkurë

viernes
e premte

sábado
e shtunë

martes
e martë

jueves
e enjte

domingo
e diel

ayer

dje

hoy

sot

mañana

nesër

mañana

mëngjes

mediodía

mesditë

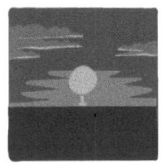

tarde

mbrëmje

MO	TU	WE	TH	FR	SA	SU
1	2	3	4	5	6	7
8	9	10	11	12	13	14
15	16	17	18	19	20	21
22	23	24	25	26	27	28
29	30	31	1	2	3	4

días laborables

ditë pune

MO	TU	WE	TH	FR	SA	SU
1	2	3	4	5	6	7
8	9	10	11	12	13	14
15	16	17	18	19	20	21
22	23	24	25	26	27	28
29	30	31	1	2	3	4

fin de semana

fundjavë

año
vit

lluvia
shi
arcoíris
ylber
nieve
borë
viento
erë
primavera
pranverë
otoño
vjeshtë
verano
verë
invierno
dimër

4.APRIL 11°
5.APRIL 4°
6.APRIL 13°
7.APRIL 8°
8.APRIL 10°

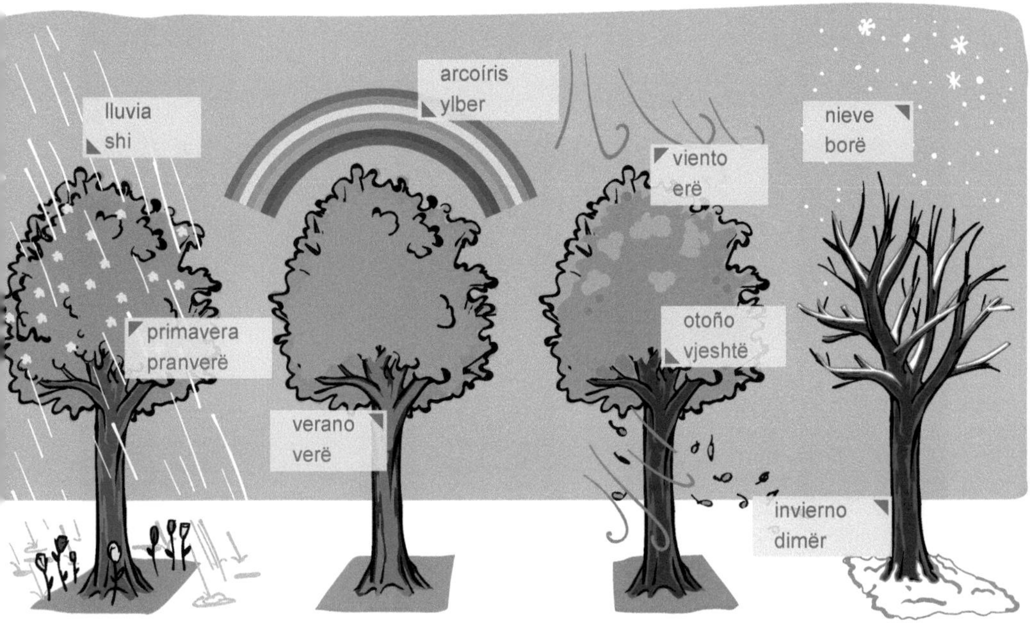

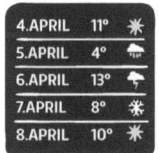

pronóstico del tiempo

parashikimi i motit

F
C
120 90 60 30 0 -30
40 30 20 10 0 -10 -20

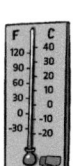

termómetro

termometër

sol

ndriçim dielli

nube

re

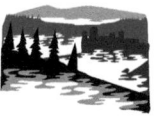

niebla

mjegull

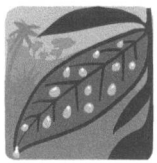

humedad

lagështi

rayo

vetëtima

trueno

gjëmim

tormenta

stuhi

granizo

breshër

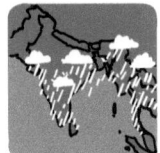

monzón

muson

inundación

përmbytje

hielo

akull

enero

janar

febrero

shkurt

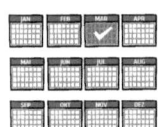

marzo

mars

abril

prill

mayo

maj

junio

qershor

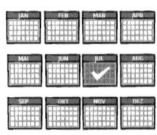

julio

korrik

agosto

gusht

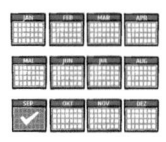

septiembre

shtator

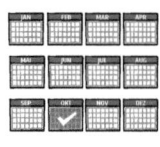

octubre

tetor

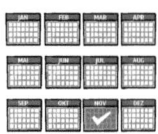

noviembre

nëntor

diciembre

dhjetor

círculo

rreth

cuadrado

katror

rectángulo

drejtkëndësh

triángulo

trekëndësh

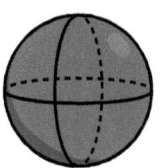

esfera

sferë

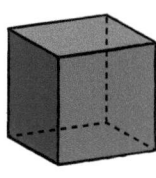

cubo

kub

blanco

e bardhë

amarillo

e verdhë

anaranjado

portokalli

rosa

rozë

rojo

e kuqe

morado

vjollcë

azul

blu

verde

e gjelbër

marrón

kafe

gris

gri

negro

e zezë

mucho / poco

shumë / pak

enojado / tranquilo

i nevrikosur / i qetë

bonito / feo

i bukur / i shëmtuar

principio / fin

fillim / fund

grande / pequeño

i madh / i vogël

claro / oscuro

i ndritshëm / i errët

hermano / hermana

vëlla / motër

limpio / sucio

e pastër / e pistë

completo / incompleto

e plotë / jo e plotë

día / noche

ditë / natë

muerto / vivo

gjallë / vdekur

ancho / estrecho

i gjerë / i ngushtë

comestible / no comestible

i ngrënshëm / i pangrënshëm

malo / amable

i keq / i këndshëm

entusiasmado / aburrido

i lumtur / i mërzitur

gordo / delgado

i shëndoshë / i dobët

primero / último

e para / e fundit

amigo / enemigo

mik / armik

lleno / vacío

plot / bosh

duro / blando

e fortë / e butë

pesado / ligero

e rëndë / e lehtë

hambre / sed

uri / etje

enfermo / sano

i sëmurë / i shëndetshëm

ilegal / legal

e paligjshme / e ligjshme

inteligente / tonto

i zgjuar / budalla

izquierda / derecha

majtas / djathtas

cerca / lejos

afër / larg

nuevo / usado

e re / e përdorur

nada / algo

asgjë / diçka

viejo / joven

i moshuar / i ri

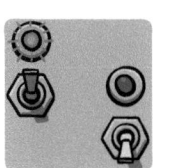

encendido / apagado

ndezur / fikur

abierto / cerrado

hapur / mbyllur

silencioso / ruidoso

i qetë / i zhurmshëm

rico / pobre

i pasur / i varfër

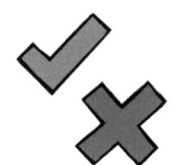

correcto / incorrecto

e drejtë / e gabuar

áspero / suave

i ashpër / i butë

triste / contento

i mërzitur / i lumtur

corto / largo

i shkurtër / i gjatë

lento / rápido

ngadalë / shpejt

húmedo / seco

i lagësht / i thatë

cálido / frío

ngrohtë / freskët

guerra / paz

luftë / paqe

0

cero

zero

1

uno

një

2

dos

dy

3

tres

tre

4

cuatro

katër

5

cinco

pesë

6

seis

gjashtë

7

siete

shtatë

8

ocho

tetë

9

nueve

nentë

10

diez

dhjetë

11

once

njëmbëdhjetë

12

doce
dymbëdhjetë

13

trece
trembëdhjetë

14

catorce
katërmbëdhjetë

15

quince
pesëmbëdhjetë

16

dieciséis
gjashtëmbëdhjetë

17

diecisiete
shtatëmbëdhjetë

18

dieciocho
tetëmbëdhjetë

19

diecinueve
nentëmbëdhjetë

20

veinte
njëzetë

100

cien
qind

1.000

mil
mijë

1.000.000

millón
milion

números - numra

inglés

anglisht

inglés americano

anglishte amerikane

chino mandarín

kinezisht mandarin

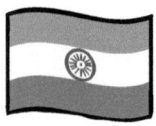

hindi

hindi

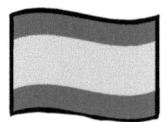

español

spanjisht

francés

frëngjisht

árabe

arabisht

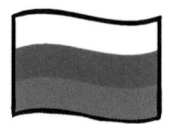

ruso

rusisht

portugués

portugalisht

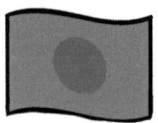

bengalí

bengalisht

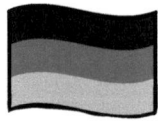

alemán

gjermanisht

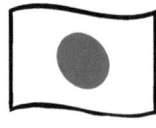

japonés

japonisht

yo
·············
unë

tú
·············
ti

él / ella / ello
·············
ai / ajo

nosotros/as
·············
ne

vosotros/as
·············
ju

ellos/as
·············
ata

¿quién?
·············
kush?

¿qué?
·············
çfarë?

¿cómo?
·············
si?

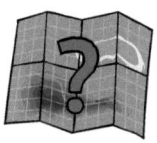

¿dónde?
·············
ku?

¿cuándo?
·············
kur?

nombre
·············
emër

detrás

pas

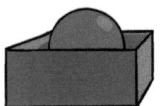

en

në

delante de

përballë

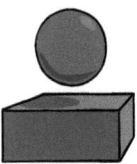

por encima de

sipër

sobre

mbi

debajo de

poshtë

junto a

pranë

entre

midis

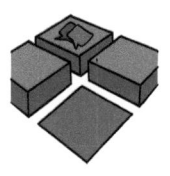

lugar

vend